FRANÇOIS IMHOFF

DE CLAUDE MICHEL CLUNY AUX ÉDITIONS DE LA DIFFÉRENCE

POÉSIE
Asymétries (1986).
Feuilles d'ombre d'Harmodios de Cyrène (1987).
Odes profanes (1989).
Oeuvre poétique, vol. premier (1991).
Un jour à Durban (1991).
Les Dieux parlent (avec des sérigraphies de Jean Coulot, 1993).

ROMAN
L'Eté jaune (1992).

NOUVELLE
Disparition d'Orphée (1987).

ESSAIS ET MONOGRAPHIES
Júlio Pomar. Le Livre des quatre Corbeaux
(Poe - Baudelaire - Mallarmé - Pessoa - 1985).
Le Fleuve et l'écho (in *Erostratus* de Fernando Pessoa - 1987).
Fagniez, collection L'Etat des lieux (1988).
Miotte. Peintures. Gouaches, collection L'Autre Musée (1989).
Corneille, collection Mains et merveilles (1992).

Cet ouvrage a été réalisé avec le concours des Affaires culturelles de la Ville de Paris
et de la Direction régionale des Affaires culturelles de la Région Ile-de-France.

© E.L.A. La Différence, 103 rue La Fayette, 75010 Paris, 1993.

FRANÇOIS IMHOFF

CLAUDE MICHEL CLUNY

L'ÉTAT DES LIEUX

GALERIE CLIVAGES / LA DIFFÉRENCE

Tenter de dire ce qui est visiblement énigmatique d'une œuvre peinte recherchée et pratiquée avec passion : voilà, peut-être, une façon pour moi, peintre, d'aborder la question qui nous intéresse, celle du style.
Il s'agit de l'œuvre de Nicolas Poussin, premier peintre des rois Louis XIII et Louis XIV.

François Imhoff[1]

PORTRAIT DE C.M. CLUNY, 1962.

N.B. A partir de 1986, lorsque François Imhoff commence d'exposer à la Galerie Clivages, Jean-Pascal Léger entreprend le catalogage systématique des œuvres. Mais, même à compter de cette date, tout n'est pas encore répertorié, et a fortiori la production antérieure du peintre. Chaque fois qu'une œuvre citée ou reproduite ici possède un numéro IMH, celui-ci est indiqué dans le texte et la table des illustrations.

LA LEÇON CLASSIQUE

Un étagement de collines au-delà d'un fleuve, et d'une autre étendue plate indéfinie. Un ou deux centaures paraîtraient familiers dans cet univers que le rêve seul, peut-être, habite. L'heure ? Serait-ce une fin de jour d'automne, quelque part dans les collines entre l'Oise et la Seine ? Les roses, les carmins, les verts bleutés emplis d'un calme mystère de lumière. La composition en bandes horizontales est pour le tiers au moins inhabitée, c'est-à-dire nue, désertée par tout signe de re-connaissance, à la fois le ciel et les premiers plans. L'assise, séparée du fleuve par une bande pourpre, et la part supérieure de la toile reflètent on ne sait quoi d'immuable, de silencieux et d'empreint de sérénité. Les formes stylisées des arbres paraissent frappées d'enchantement, et leur chatoiement rappelle les couleurs de l'épisode de la *Bataille de San Romano* qui se trouve à Florence, au musée des Offices. Le rythme des lignes, l'absence de tout geste, une lumière onirique sans autre source qu'elle-même pourraient laisser penser qu'il s'agit de la peinture d'un monde perdu. Ce *Paysage*, probablement peint en 1962, est l'une des rares œuvres de jeunesse de François Imhoff qui n'ont pas disparu[2]. Le travail sur les formes, ici subtiles et belles, et vraies de leur rapport unique à la couleur, fait de ce

---

1. Intervention à l'Ecole normale supérieure, en 1980, au cours d'un séminaire « Sur le style » : *Voir quoi de Poussin ?* ; inédit.
2. Huile sur toile ; 98,5 x 81. Coll. part., Paris. Non reproduit ici.

tableau une œuvre accomplie de cette période d'apprentissage. La leçon première : maîtriser les techniques. Léon Detroy[3], paysagiste de la Creuse, vieil ami de sa famille, avait séduit le jeune François Imhoff par son indépendance (qui lui coûta d'être mieux apprécié ou, en tout cas, plus connu), et son amour du *métier*.

Une autre rencontre, alors qu'il avait seize ans, avec la céramiste Francine Del Pierre[4], l'avait déjà convaincu que tout art est patience, amour des matériaux, avant même que de prétendre exprimer *plus* que ce qu'ont fait les mains. Autrement dit, l'idée naît du faire. Cette tradition artisanale, que les ateliers dispensaient autrefois, et la maîtrise du dessin ont établi entre le peintre et son art un rapport physique, aussi bien manuel que sensible, qui ne s'est jamais aboli. Un accord profond, un bonheur de faire que l'on ressent aussi bien devant les plus simples papiers que devant les compositions sur toile, leur beauté austère parfois, duo de couleurs presque sonore dans le silence, ou leur subtilité « médiévale », leurs harmonies de bleu et d'or, leurs efflorescences, qui ne sont pas sans rappeler une singularité rémanente de Pisanello à Klimt. Pour François Imhoff, toute œuvre nouvelle, surtout si elle se nourrit du passé, se doit d'être une avancée vers l'inconnu.

Quelque vingt ans plus tard, ces mots que François Imhoff emploie pour présenter une exposition, en Suisse, de Fernand Dubuis, peuvent aussi bien s'appliquer à ce *Paysage* d'autrefois que je viens d'évoquer :

---

3. Léon Detroy (1857-1955) ; ami de Guillaumin, de Rollinat, demeuré à l'écart dans la Creuse.
4. 1913-1968. S'écrit parfois Delpierre.

SANS TITRE, DIPTYQUE, 1985.

KAKEMONO, 1981.

« On a fait taire le tintamarre de la couleur ; alors s'entend la si singulière logique qui fait trouver leur place et leur forme aux couleurs. Le peintre, dans l'intense surprise de la "familière étrangeté" qu'il ressent, l'a reconnu vrai, l'espace qui se développe dans "ce silence d'avant l'homme ». Le texte de François Imhoff ne fut pas agréé par les organisateurs... Le regard qu'il porte alors sur la peinture, réfracté dans l'œuvre de Fernand Dubuis[5], et pas davantage ce qu'il espère de la pratique du "métier", ne correspondent au rôle consenti à l'art, ni au discours convenu que l'on attend. Surtout chez les prudents, déjà très étonnés d'avoir à seulement regarder ce qu'ils ne reconnaissent pas.

Dans les années soixante, à partir d'à-plats colorés à peine modulés, avec un souci de *construction* déjà marqué, le jeune peintre tâchait à découvrir une autre dimension qui ne fût pas liée à la perspective, mais rendît sensible un autre espace. C'était vouloir réinventer la peinture, objets et figures bientôt jetés par-dessus bord — mais quels maîtres se choisir ? Les écoles sont mortes — l'école de Paris, pour ce qu'il en reste, vit son crépuscule. Si la plupart des "modernes" lui sont encore des planètes inconnues, Imhoff, en revanche, s'attarde aux toiles oubliées des musées de province, ou interroge, par exemple, la sytlisation et la théatralité des fresques de la chapelle de Jouhet, dans la Vienne, *Le Dit des Trois Morts et des Trois Vifs,* que ses randonnées lui font découvrir. On ne peut imaginer parcours initiatique plus à l'écart des modes. Mais le choc en profondeur, à peine ressenti comme tel, c'est bien de la rencontre avec la peinture classique qu'il va survenir. Non pas, comme

---

5. D'origine suisse, Fernand Dubuis (1903-1991) vivait alors à Bellême, sous l'égide amicale de Christiane Martin du Gard.

SANS TITRE, DIPTYQUE, 1987.

chez cet autre artiste remarquable qu'est Gérard Garouste, au niveau de la "représentation", mais à celui du non-représenté.

Du vitrail, qu'il étudie, et qui lui conviendrait si bien, il garde surtout, dans l'application, le souvenir de l'imbécillité d'un architecte, et peut-être faut-il regretter que ce mode d'expression ne l'ait pas retenu davantage ; ni même le portrait, pratiqué pourtant avec un rare bonheur. Rien n'interdit a priori qu'il y revienne un jour. Sa grande curiosité, le fait aussi d'être convaincu que l'interdépendance des arts reste une source de créativité, l'ont également porté vers l'espace scénique, inventant accessoires et décors.

De l'enseignement, il n'oubliera pas le conseil quelque peu amer d'un homme très fin, cultivé, excellent aquarelliste, Stéphane Armand : « Surtout, ne deviens jamais prof' de dessin ! » De son propre aveu, les modernes l'ont peu nourri, du moins d'une manière durable. Même Paul Klee, dont il a, qui sait ? peut-être craint obscurément l'emprise. Son vif intérêt pour Jasper Johns reste passager lui aussi. Sa curiosité trouve dans ces confrontations un plaisir bien plus que des voies à suivre. Pourtant, à la fin des années soixante, la découverte des œuvres de Julius Bissier lui fait une forte impression : par son dépouillement, sa « méditation » sur la place réelle de l'objet dans l'espace ? Mais, surtout, il découvre La Fresnaye, dont il se sent "proche" encore aujourd'hui.

Quelque chose s'achève, s'est achevé, sans qu'on discerne bien quoi. Curieuse époque : les « héritiers » plus ou moins présumés renoncent à assumer les dettes : les architectures de Jacques Villon ou de Maria Helena Vieira da Silva s'estompent dans les « Villes » de Fagniez ; Jean

◁ BLASONS, 1991.   DIPTYQUE CADAQUÈS, 1983.

Coulot, dont le guide fut Pignon, ne peignit jamais rien qui lui ressemblât ; Peter Klasen oublie, dans ses salles de bain, les carrelages de Mondrian... Il semble que rien ne puisse plus survivre, ou revivre — ce qui serait mieux... —, qu'à force de ruptures. Il fallait, en tout, regarder plus loin qu'hier ; c'était, déjà, le conseil de Diaghilev à qui voulait être moderne.

« A quelle lignée me rattacher ? Je n'en sais rien. D'ailleurs, faut-il être attaché ? Plusieurs fois, mais cela me paraît un rapprochement superficiel, je me suis retrouvé cité dans la filiation de Poliakoff »[6].

S'il semble bien qu'il soit parti des mêmes prémisses que Poliakoff sur le rapport nécessaire de la forme à la couleur, dont la dynamique doit créer un espace pictural nouveau, et donner vie à la forme, l'air de famille, en fait, ne s'avère pas probant. Il serait aussi logique d'imaginer une influence (encore qu'improbable) de Mark Rothko, ou de Barnett Newman, mais si le problème (classique) de la structuration par la couleur hante les uns comme les autres, chacun y a répondu, ou tenté d'y répondre par des moyens plastiques qui ne sont pas ceux que François Imhoff met en œuvre à partir des années 80, c'est-à-dire au début d'une maturité qui a défini le champ ouvert de son exploration et atteint à la maîtrise de ses moyens propres.

Vers 1965, Imhoff avait rencontré Jean Paulhan, puis Fernand Dubuis. Il verra souvent ce bel artiste discret, conscient de ses inégalités, mais prenant plaisir à la conversation de l'homme comme à son travail. Deux

---

6. Sans autre précision, les propos de François Imhoff sont rapportés de conversations avec l'auteur.

TROPIQUES, 1989.

L'ÉTÉ INDIEN, 1990.

décennies plus tard, lorsqu'il peindra, en 1991, les *Blasons* sur bois précieux, c'est à son art intègre et épuré qu'il songera. Ce n'est pas toujours des œuvres les plus célèbres qu'on apprend le plus. Les petits formats de Dubuis, très travaillés, aiguisent la réflexion sur cette fracture, cette faille — ou cet appel, que le rapport de deux couleurs peut provoquer. Les *Blasons* vont se fonder sur ce rapport d'opposition, de juxtaposition ou de complémentarité alors que la forme s'efface dans la couleur. Que la couleur impose son propre partage de l'espace. La composition en est soit binaire, soit ternaire. Il peut naître une lecture un peu magique de la beauté de ces pièces, frustes et raffinées à la manière d'un art très ancien, une sorte de héraldique du rêve, qui répondent à ce que Jean Tardieu définissait ainsi dans l'œuvre de Dubuis : "La fraîcheur insolite des origines (...), les épaisseurs ambiguës de ce monde"[7]. Cette fraîcheur, on la retrouve dans les compositions *a tempera* sur papier de François Imhoff aussi bien que dans les toiles, *Le Désir blond* (IMH 65), *Dans l'espace* (Londres), ou les *Solaire*. Cette épaisseur, cette profondeur, elles surgissent dans la chaude âpreté du *Diptyque Cadaquès* (IMH 7), le velours des noirs de *L'hiver la nuit* (IMH 123), l'indéfinissable, l'énigmatique luxuriance de *Tropiques* (IMH 123)... Ou avec une éclatante simplicité, une audace dans la composition puissante et rigoureuse (*Oriflamme 1*, IMH 139).

Les années 70 marquent un passage difficile. Une période blanche, sans vouloir jouer sur le mot. A ma connaissance, peu de traces demeurent des travaux de cette décennie. La couleur s'est parfois retirée, au point de ne plus laisser en place qu'une sorte de schéma pictural. Commencer, ou

---

7. Préface à l'exposition Dubuis, Galerie Craven, 1957.

recommencer quoi ? Imhoff allait peu à peu faire "table rase", traversant une période de dépouillement et de restructuration. Il nous faut prendre le mot au pied de la lettre. Vers 1978, le peintre, lui, s'en prend alors, avec l'amour de l'artisan pour les matériaux qu'il façonne, à la toile même, défaite, enduite, peinte, pliée, dépliée et repliée, avant de la reclouer sur son châssis et d'exploiter les possibilités offertes par cette insolite structuration initiale. Brève tentative chez certains, tel André Pierre Arnal, elle devient une méthode de composition pour Imhoff, qui ne s'arrête pas au principe — structure pure —, mais en approfondit et en enrichit les possibles. Le cubisme déconstruisait la représentation au profit d'une autre géométrie ; cette fois, les hasards limités de la géométrie plane vont offrir à la couleur un terrain d'envol strictement balisé. L'ascèse de plusieurs années consentie par le peintre l'avait préparé, durement sans doute, à la maîtrise d'un lyrisme qui ne récuse ni l'ombre ni la transparence, et va reconstruire l'espace par la couleur. « La peinture se fait dans la couleur », notait Rainer Maria Rilke dans ses *Lettres sur Paul Cézanne*...

C'est aussi l'époque d'une matière neuve, qui nécessite un autre apprentissage : celui de l'acrylique. Matière qui, pour être séduisante, va pourtant (mais des années plus tard, trop tard) se révéler peu fiable; on l'emploie malencontreusement dans la hâte avant sa réelle mise au point. Imhoff, qui se méfie de la facilité doit juger que c'est trop beau pour être sûr et pressent qu'il y faut des précautions, des essais, des trucs, comme quand les peintres sont passés de l'œuf à l'huile; tester les fonds, les réactions, tout ce qui, aussi, fait bouger la couleur... L'acrylique, après des débuts trompeurs, est aujourd'hui un médium considéré comme très sûr, dont Imhoff ne cesse d'explorer les possibilités, parallèlement ou en les

SANS TITRE , 1990.

LES ROSES DU TEMPS, 1990.

combinant aux techniques plus anciennes. Le choix des encres, des papiers (il ne néglige ni le pastel, ni la couleur *a tempera*), résines, supports traditionnels ou occasionnels, comme des feuilles d'ardoise par exemple, c'est le travail premier du peintre. Son devoir de patience.

Ce qui ne peut que souligner, confirmer sa véritable filiation, aussi surprenante puisse-t-elle paraître — à rebours d'un temps où la précipitation tient lieu de génie. Non-figuratif, mais non informel, François Imhoff a mûri la leçon classique. La plus haute, la plus mal-aimée souvent parce qu'ignorée ou bien mal vue — ce qui revient au même — et, depuis peu, en partie dévoilée, décrassée des vernis sur quoi le temps s'est essuyé les doigts. Nettoyées, lorsque c'est avec la prudence, le discernement techniques requis, les toiles des maîtres classiques nous apprennent que nous les avions rarement vues comme elles avaient été peintes. D'ailleurs, que l'on regarde les toiles du Greco, les Goya, les Tiepolo qui ont gardé leur fraîcheur : les modernes n'ont pas inventé les couleurs pures. Vouet, Bourdon, Le Sueur, Poussin sont des peintres de la couleur, une couleur lumineuse, audacieuse, éclatante; une couleur souveraine dont naissent les formes, la poétique et la dynamique des œuvres. Un peintre non-figuratif, conscient de la nature de l'art — cette combinaison d'une recherche incessante, d'une méthode et de l'imprévisible —, ne peut, en la méditant, que se renforcer de la leçon de ces classiques pour lesquels tout était toujours en devenir. Et il n'est pas contradictoire de mettre à l'épreuve la formule de Cézanne : « quand la couleur est à sa richesse, la forme est à sa plénitude ». Pour bien des peintres, dont François Imhoff, la forme naît de la couleur, de son intensité, de sa profondeur, de son pouvoir lumineux.

SANS TITRE, 1985-1987.

DANAÉ, 1987-1989.

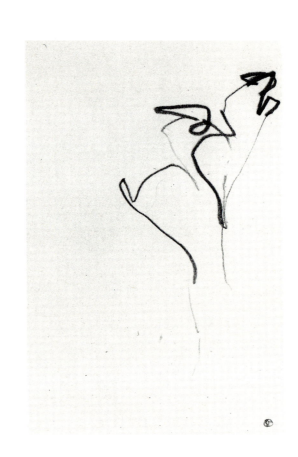

« J'attends de la peinture qu'elle me donne à voir plus que ce qu'elle est, donc qu'elle soit inépuisable, ce que je rencontre assez peu chez les modernes. Avec Poussin, je n'en n'ai jamais fini. Mon siècle de référence, en fait, c'est le XVIIe. C'est un temps de science et de conscience admirables. Par exemple, *Le Christ descendu de la croix,* de Nicolas Tournier [8], quant à l'organisation de l'espace, sans même parler de la couleur dramatique, reste pour moi une leçon magistrale. Il y a chez tous ces peintres la force, la puissance d'une rhétorique que nous avons perdue. »

« Je me sens plus vénitien que florentin parce que pour moi la couleur est fondamentale. C'est elle qui impose la forme, lui impose sa limite, sa place. Jusqu'à ce paradoxe qui fait qu'on oublie la couleur, qu'elle se fond dans ce qu'elle donne à voir. Elle est la clé d'un autre espace. Poussin ressentait cela et on voit bien comment il le traduisait. Dans *Paysage avec les cendres de Phocion,* et *Paysage avec les funérailles de Phocion* [9], c'est comme s'il peignait une sorte de vide, d'absence, que toute la composition désigne. Une porte ouvrant sur quoi ? Le néant, l'infini ? Les maniéristes créaient eux aussi un vertige, mais par d'autres moyens, l'excès, la distorsion, la complication. C'est très séduisant, très passionnant, mais différent. »

Avec Poussin, un ordre magnifique (et l'on regrette que Paul Valéry ne lui ait pas consacré un essai), une vision de l'au-delà des formes et la

---

8. Nicolas Tournier (1590-1639 ?), Musée des Augustins, Toulouse.
9. Walker Art Gallery, Liverpool, et National Museum of Wales (coll. Earl of Plymouth), Cardiff.

◁ SANS TITRE, 1990.
ORIFLAMME I, 1990.

sérénité même peuvent tout affronter d'une *terræ incognitæ* que tout grand artiste voit s'ouvrir sous ses pas — l'abîme de Pascal, en vérité, mais a priori profane. Notons pour mémoire ce concept de fracture, d'absence ou de néant, révélé par la porte entr'ouverte sur un autre espace. Mais, encore à propos de Nicolas Poussin, Imhoff met en question un point sur lequel, pourtant, la plupart des exégètes s'accordent, à savoir que la préparation au rouge des fonds, que le temps fait « remonter », nuit à la bonne lecture des œuvres, ou à leur conservation :

« Ce rouge obstiné dans sa permanence incongrue surgirait maintenant du fond. Or, justement, il accuse et révèle des gouffres verticaux, qui semblent impénétrables aux figures. Celles-ci, précisément, les définissent, distraites, ainsi qu'elles se montrent, de la *raison*[10] de leur présence; leurs limites les tiennent irrémédiablement écartées les unes des autres. Ce rouge suspend toute idée de temporalité.

« Ces fonds colorés semblent imposés au peintre comme autant d'effractions dans l'espace peint : on les voit surgir en dépit, ou plutôt en raison de la volonté tendue qui épuise les sujets de chaque peinture. La permanence de ces rouges est tellement gênante et troublante ! On a préféré en souligner l'inconvenance et la maladresse, puisqu'on n'en pouvait ignorer la singularité. Et pourtant elle nous semble (cette couleur) structurelle de l'œuvre. A ce point qu'on peut repérer ces failles, ces béances, très précisément ; comme étendues récurrentes, répétées intentionnellement et différentes. »[11]

---

10. C'est moi qui souligne.
11. Cf. note 1.

Ces remarques ne sont pas une digression. Elles nous permettent de rejoindre l'interrogation implicite de François Imhoff face à la fracture qu'opère dans une œuvre le rapport de deux couleurs. Ou la présence d'une couleur en *infraction* avec une logique... Peintre dont la lyrique se veut contrôlée par la réflexion, et en cela même peintre d'esprit classique, il en vient donc à affronter, voire provoquer consciemment le surgissement de l'inattendu. Parole seconde, regard au-delà de « l'objet », *sens* au-delà du voir et du dit — que, en poésie comme en art au sens le plus large, l'acte accompli dévoile et donne à déchiffrer. Mais il faut savoir que la volonté de régulation a ses limites, marquées par « les dieux ». Ainsi son œuvre balance-t-elle selon des phases non contrôlées, reconnaît-il, de l'austérité à une somptuosité que l'art contemporain ignore — ou bien il faut le découvrir chez un Japonais comme Imaï —, ayant oublié Bonnard... Car ce n'est pas l'art qui seul met en ordre les dérives du songe et de l'imprévu, c'est aussi ce don animant la main qui écrit ou qui peint, ce mystère que l'artiste connaît et ne connaît pas ; dont il ignore et la source, et la nature.

L'étonnement qui peut en naître — celui d'une magie rigoureuse —, et demeure, conduit à s'interroger, devant les travaux de François Imhoff, non seulement sur les moyens, mais aussi sur le sens du bonheur de voir. Un sens capable de célébrer les tendres lumières argentées du jour (cf. un diptyque (IMH5) sans titre des collections de la BNP, non repr.), ou les plus profonds nocturnes *(L'Hiver la nuit*, IMH 134, page 38). Le peintre, dont la palette chromatique n'a cessé de s'enrichir, sans pour autant renier la couleur pure intense, comme en témoignent les *Oriflamme 1* (p. 35) et *Oriflamme 2*, par exemple, a su très tôt que la gratuité, ou le décoratif, guettent comme des écueils la non-figuration aussi bien que la représen-

L'HIVER LA NUIT, 1990.

LE DÉSIR BLOND, 1988.

tation traditionnelle. Pour avoir effacé l'objet comme la scène, cette peinture se devait de réinventer des règles. Imhoff élabore quant à lui, et jusque dans l'ascèse des toiles les plus récentes, les tracés de l'inconnu. Ses pliages préalables créent des supports d'étagement, de rencontre ou de superposition des plans. Le jeu se fait plus sûr dans ces grilles où il est contraint. Il se renforce de dominer ce qu'il s'impose. La liberté acquise confère une grâce aérienne à des toiles telles que *Dans l'espace* (en jaquette), *Annonciation* (IMH 160 ; pp. 46-47), ou cet autre diptyque, non titré, daté 1984 (IMH 5 ; BNP, non repr.). La fraîcheur d'une géométrie à peine pervertie, ces « carrés » aux proportions faussées, aux habillages mystérieux, aux étranges et profondes saveurs colorées, acides ou suaves ou ténébreuses *(Tropiques,* IMH 123, p. 22 ; *Danaé,* IMH 124 ; p. 31), ces *incises* entre deux masses colorées, deux plans que l'on croit emboîtés et qui se séparent et se détachent, se libèrent de toute pesanteur, tout fait penser à la célèbre définition que André Breton donna de la beauté, qui devait être « explosante fixe ».

Ainsi voit-on rayonner ces œuvres savantes qui réfléchissent les lois, et si libres, en apparence, de ne figurer que leur propre plaisir. De magnifier —justement dans le mépris absolu de l'anecdote, du prétexte facile —, ce que la vie apporte à l'imaginaire *(L'Eté indien,* daté 1990, p. 23 ; *Théâtre,* IMH 144, page 51). Mais sans jamais omettre la rigueur d'un équilibre fondé sur les asymétries, sur des harmonies vibrantes de dissonances. Le recours aux collages *(Baronnie de Sabran,* daté 1990, IMH 128 ; *Montepulciano,* id. ; *La Dame de cœur,* ibid. ; non repr.), peut ajouter l'humour à l'audace de la composition : *Les Roses du temps*, IMH 148 (p. 27). Si le carré est souvent un axe, un centre de gravité, un "trou noir" de concentration d'énergie, pour user de la terminologie devenue

HOMMAGE À GUSTAV MAHLER, TRIPTYQUE, 1983.

UNE PORTE SUR LE SOIR, 1988-89.

courante des astrophysiciens, Imhoff affronte volontiers les risques de structures verticales (IMH 147, p. 26 ; *Pollen,* daté 1990, IMH 149, non repr.), traversées ou non d'obliques. (Et même, dans une suite de toiles du printemps et de l'été 1993, seuls des plans, des « passages », des colonnes colorées verticales composent l'espace.)

Ce module de base de composition, le carré, mais imperceptiblement faux, dissonant, a toujours été plus ou moins présent dans ses travaux. Rouge éclatant, indigo presque jusqu'au noir, le carré, présent en écho même dans les compositions qui se fondent d'abord sur les verticales, créé un appel, un "vide", une sorte de vertige visuel autour de quoi les autres formes s'organisent et vivent. (Son exclusion dans des travaux récents (1993) aurait-elle valeur d'exorcisme ?) Une *forme colorée,* dans la peinture classique ou considérée comme telle, joue ce même rôle que Imhoff décèle chez Poussin (pensons à l'irréelle lumière d'argent qui touche le cheval au centre de la toile, derrière Herminie [12]). La prééminence de la couleur, on ne le répétera jamais assez, n'est pas une donnée moderne. Mais son rôle n'a pas été élucidé au fond : dans l'œuvre du Greco ou chez Poussin, pour en rester décidément à lui, la scène est souvent habitée par une ou plusieurs figures drapées de rouge, ou de jaune, comme des flammes venues d'où ? Et pourquoi ? *Les Sacrements,* puisque désormais les toiles sont réunies à Édimbourg (National Gallery of Scotland), en sont la saisissante, la *fantastique* démonstration.

A l'évidence, notre plaisir de voir a changé et nous le savons, parce que l'art moderne nous a fait regarder, voir, et *comprendre différemment les*

---

12. *Tancrède et Herminie,* Musée de L'Hermitage, à Saint-Pétersbourg.

ANNONCIATION, DIPTYQUE, 1990.

œuvres qu'admiraient nos pères. Notre jubilation se nourrit d'un au-delà de la représentation : ce n'est ni le pichet de Chardin, ni le jambon offert à la découpe par Gauguin, ni la carafe de Morandi, ni la corbeille de fruits du Caravage qui nous intéressent, c'est le mystère par lequel ils nous enchantent. L'art, qu'il soit figuratif ou pas, n'accepte jamais pour limite son sujet visible (sauf s'il a pour vocation de s'arrêter au décoratif). Le prétexte, l'objet ou le sujet, se voit comme rejeté, rayé du monde contingent. Il est désormais situé ailleurs, dans l'espace même de l'art. Mais de cet espace sans repères autres que ceux du plaisir, sinon du *bonheur* — de la sensualité tactile, de la singulière ivresse du rêve ou de la méditation de l'intemporel, « l'absence de sujet reconnaissable ne doit pas faire conclure à l'absence d'intention »[13]. Dès que nous entrons dans « l'univers des formes » mis en œuvre ici — et la non-représentation n'en exclut ni l'intimisme, ni la théâtralité —, nous retrouvons un bonheur analogue à celui que dispense une musique aimée — la musique est pour François Imhoff l'art complémentaire, un « accompagnement » essentiel —, ou la contemplation par Bergotte du fameux « petit pan de mur jaune ». Ce petit pan de mur sépare-t-il vraiment la peinture classique de Vermeer du bonheur que nous pouvons prendre à une peinture informelle ? Pour tout spectateur, l'art est d'abord saisissement.

Et l'un des paradoxes de l'art, qui paraît si évidemment aimanter le travail de François Imhoff depuis les années 80, c'est que plus l'œuvre approche le but qui lui a été proposé, moins elle lui est réductible. En termes de littérature, le « dit » choisit et assemble « en un certain ordre » les mots *peints* du non-dit. Le rayonnement, qui perd beaucoup à la

---

13. Alain Mérot, in *Poussin,* Hazan, 1990 (p. 150).

SANS TITRE, 1987.

THÉÂTRE, 1991.

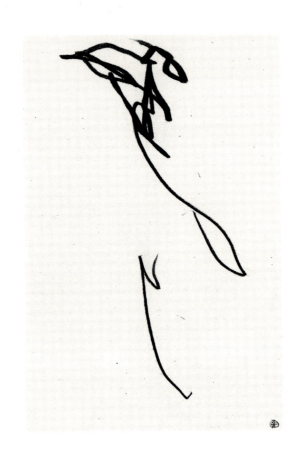

reproduction, des œuvres, titrées ou non (elles ne peuvent l'être que pour les correspondances qu'elles suscitent), tient à leur charme, mot qu'il faut entendre au sens profond de chant, d'incantation. A leurs obscurs éblouissements — on imagine les « Fragments » d'Héraclite accompagnés par des aquatintes de Imhoff... Et puis, ces toiles si belles dans leur énigme sont fortes d'une tradition de rigueur sans laquelle les dons s'abîment et se défont. L'artiste ignore la nature et la vérité de ce qu'il cherche, « mais il y atteint », constate Paul Klee. Et plus ce qui est peint l'est avec force, avec ce pouvoir non de changer les « modèles », mais *l'idée* que nous en recevons, par les traductions de l'esprit et de la sensibilité, plus l'indicible ajoute à l'œuvre. Nous sommes conduits à un dialogue avec l'informulé, avec ce qui s'est abstrait de la représentation. Mais ce dialogue, avec nous-même, en vérité, c'est à l'art du peintre que nous le devons.

Paris, mai-juillet 1993.

DANS L'ESPACE, 1987.

SANS TITRE, 1991.

François Imhoff le 10 juin 1962, à Gargilesse.

FRANÇOIS IMHOFF

Né le 1er mai 1938.
Etudes à l'Académie Charpentier, où il apprend beaucoup du maître cartonnier-tapissier Maurice André (1914-1985). Ecole nationale supérieure des Métiers d'art ; Ecole nationale supérieure des Arts décoratifs. Pratique du vitrail. Voyages et séjours en Corse, dans les îles grecques, en Toscane et à Rome, à Londres, aux Baléares, à Barcelone et au Kenya.

1961 : Première exposition à la Galerie de Messine, à Paris.
1962 : Expose au Premier Salon européen d'Art sacré à Paris.
1963 : Vitraux pour le siège social de la Banque industrielle et commerciale de la Région Nord de Paris, à Saint-Denis (17 m^2).
1964 : Portrait de Claude Michel Cluny ; huile/toile, 46x38.
1965 : Vitraux pour l'abbaye de Notre-Dame de Jouarre. Pour Notre-Dame de Lourdes à Conflans Sainte-Honorine.
1966 : Costumes et masques pour Françoise Saint-Thibault et Jacqueline Robinson (Théâtre d'Essai de la Danse ; Théâtre de Paris ; Théâtre de l'Est parisien).
1967 : Vitraux pour la nouvelle gare de Grenoble (40 m^2).
1970 : Vitraux pour le Centre de transfusion sanguine, Chateauroux.
1982 : Reçoit une Bourse de recherche de la Délégation aux Arts plastiques (Ministère de la Culture).
1986 : Entre à la Galerie Clivages, que dirige Jean-Pascal Léger.
1991 : Jean-Pascal Léger organise trois expositions parallèles de ses travaux récents : aux deux galeries Clivages et au Salon de Mars.
1993 : Décors et costumes (avec Maylis Duvivier), pour *Quant à elle*, spectacle de Martine Colcomb ; création au Festival Turbulences, à Strasbourg.

ÉDITIONS

1975 : Suite de six sérigraphies pour six poèmes muraux, sous forme d'affiches, de Bernard Viel, éditions Vodaine.
1975 : *Sablier d'absence*, dix sérigraphies et encres originales pour accompagner douze poèmes de Bernard Viel et des aquarelles de Manou Shama-Levy, éditions Vodaine.
1989 : Cinq sérigraphies pour *Feux*, poèmes de Jean-Pascal Léger, éditions Clivages.

EXPOSITIONS PERSONNELLES

Galerie de Messine	Paris	1961
Galerie Images	Gargilesse	1968
Galerie Condillac	Bordeaux	1972
Galerie J.G. Jozon	Paris	1973
Librairie La Galère	Paris	1975
Hôtel particulier Vandermarcq	Paris	1980
Galerie S 65. Préface de Maria Van Berge	Aalst-Bruxelles	1982
Cimaises Marc Bankowsky	Paris	1984
Galerie Images	Gargilesse	1985
Galerie Dalmas (avec Carlo James)	Paris	1986
Galerie Clivages	Paris	1986
Galerie Clivages	Paris	1988
Galerie La Navire (avec János Ber)	Brest	1989
Galerie Clivages	Paris	1989
Salon de Mars, Galerie Clivages	Paris	1991
Galerie Clivages	Paris	1991
Petite Galerie Clivages	Paris	1991
Galerie Clivages	Paris	1993

EXPOSITIONS DE GROUPE

Premier Salon européen d'Art sacré, Musée d'Art moderne	Paris	1962
Hommage à Pierre Mac Orlan	Saint-Cyr-sur-Morin	1964
Galerie Katia Granof (sélection du prix Fénéon)	Paris	1966
Galerie Pierre Domec	Paris	1966
Office Municipal Culturel	Pontoise	1969
Salons d'Alexandre	Paris	1971
Grands et Jeunes d'Aujourd'hui	Paris	1972
Galerie Dauphine	Saint-Germain-en-Laye	1972
Galerie J.G. Jozon	Paris	1974
Centre Culturel Municipal	Villeparisis	1977
Galerie Art et Culture	Paris	1979
Musée national d'Art moderne, Centre Pompidou	Paris	1981
Galerie S 65 Art on Paper	Aalst - Bruxelles	1984
FIAC 87 Galerie Clivages	Paris	1987
Galerie Clivages	Paris	1987
FIAC 88 Galerie Clivages	Paris	1988
Maison de la Poésie	Avignon	1988
SAGA 89 FIAC éditions Galerie Clivages	Paris	1989

Galerie Fontainas	Bruxelles	1989
Atelier Cantoisel	Joigny	1989
Galerie Clivages	Paris	1990
Salon de Mars, Galerie Clivages	Paris	1990
Galeria Cadaquès : "Clivages à Cadaquès"	Cadaquès	1990
FIAC 90 Galerie Clivages	Paris	1990
Collection contemporaine de la BNP, Ecole des Beaux-Arts	Paris	1991
Petite Galerie Clivages	Paris	1991
Galerie Clivages	Paris	1992
Clivages (janvier et mars)	Paris	1993
Galerie Clivages : "Autour d'une peinture de Tal Coat, *la Marque*" (juin)	Paris	1993

ACQUISITIONS DES MUSÉES ET COLLECTIONS PRIVÉES

Musée d'Art moderne de la Ville de Paris – 1973.
Musée national d'Art moderne, Centre Georges Pompidou, Paris – 1981.
Musée de la Culture flamande, Anvers, Belgique – 1983.
Centre national d'Arts plastiques, Paris – 1984.
Lyonnaise des Eaux, Jérôme Monod – 1986.
Banque nationale de Paris – 1986, 1987, 1988, 1989, 1990, 1993.
Fitzwilliam Museum, Cambridge, Royaume-Uni (Don de C. Van Hasselt) – 1987.
Fondation Thomson – 1987.
Fondation Paribas – 1987.
Arthothèque de Valence, Fr. – 1989.

SANS TITRE, 1990.

CRÉDITS PHOTOGRAPHIQUES :

Patrick Gœtelen : couverture et pp. 6, 12, 14-15, 16, 18, 19, 21, 22, 28, 30, 32, 40, 42, 43, 44, 48, 50, 52.
Autres D.R. : pp. 54, 56.
Jean-Louis Losi : pp. 11, 23, 26, 27, 31, 34, 35, 38, 39, 46-47, 51, 55, 61.

TABLE DES REPRODUCTIONS

Jaquette : SOLAIRE I, 1991 ; acrylique/toile, dim. 100 x 100. IMH 157.
Couverture : « Autoportrait-charge » de François Imhoff par János Ber, 1990.
page 6 : PORTRAIT DE C.M. CLUNY, 1962 ; lavis, dim. 31 x 27.
page 11 : SANS TITRE, DIPTYQUE, 1985, dim. 130 x 97 x 2. IMH 6. Coll. Banque nationale de Paris.
page 12 : KAKEMONO, 1981 ; encre sur papier, dim. 68 x 18. Coll. de l'artiste.
pages 14-15 : SANS TITRE , DIPTYQUE, 1987 ; acrylique/toile, dim. 195 x 130 x 2. IMH 70. Coll. de la ville de Paris.
page 18 : BLASONS, 1991 ; acrylique/bois, dim. chaque pièce 26,5 x 13.
page 19 : DIPTYQUE CADAQUÈS, 1983 ; acrylique/toile, dim. 80 x 80 x 2. IMH 7. Coll. de l'artiste.
page 22 : TROPIQUES, 1989 ; acrylique/toile, dim. 116 x 89. IMH 123. Coll. Banque nationale de Paris.
page 23 : L'ÉTÉ INDIEN, 1990 ; acrylique/toile, dim. 55 x 46. Coll. particulière, Paris.
page 27 : LES ROSES DU TEMPS, 1990 ; acrylique/toile, dim. 100 x 60. IMH 148. Coll. de l'artiste.
page 26 : SANS TITRE, 1990 ; acrylique/toile, dim. 100 x 60. IMH 147. Coll. particulière.
page 30 : SANS TITRE, 1985-1987 ; acrylique/toile, dim. 130 x 89. IMH 57. Coll. Fondation Paribas.
page 31 : DANAÉ, 1987-1989 ; acrylique/toile, dim. 116 x 89,5. IMH 124. Coll. particulière, Paris.
page 34 : SANS TITRE, 1990 ; acrylique/toile, dim. 100 x 81. IMH 150. Coll. G. Miguet.
page 35 : ORIFLAMME I, 1990 ; acrylique/toile, dim. 130 x 97. IMH 139. Coll. Martine Colcomb.
page 38 : L'HIVER LA NUIT, 1990 ; acrylique/toile, dim. 116 x 87. IMH 134. Coll. particulière.
page 39 : LE DÉSIR BLOND, 1988 ; acrylique/toile, dim. 130 x 97. IMH 65 . Galerie Clivages.
page 42 : HOMMAGE À GUSTAV MAHLER, TRIPTYQUE,1983 ; acrylique/toile, dim. 150 x 50 x 3. IMH 9. Coll. Marie-Noëlle de Cérou.
page 43 : UNE PORTE SUR LE SOIR,1988-1989 ; acrylique/toile, dim. 80 x 80. IMH 118. Coll. particulière, Paris.
page 46-47 : ANNONCIATION, DIPTYQUE, 1990 ; acrylique/toile, dim. 195 x 130 x 2. IMH 160. Coll. particulière.
page 50 : SANS TITRE, 1987 ; acrylique/toile, dim. 100 x 100. Coll. Martine Colcomb
page 51 : THÉÂTRE, 1991 ; acrylique/toile, dim. 80 x 80. IMH 144. Coll. particulière.
page 54 : DANS L'ESPACE, 1987 ; acrylique/toile, dim. 100 x 100. Coll. Manou Shama-Levy, Londres.
page 55 : SANS TITRE, 1991 ; acrylique/toile, dim. 100 x 100. IMH 155. Coll. particulière, Paris.
page 56 : François Imhoff le 10 juin 1962, à Gargilesse ; Photo Christian Bernard, D.R.
page 61 : SANS TITRE, 1990 ; acrylique/collage/toile, dim. 100 x 81. IMH 150. Coll. Marc Bankowsky.

*

Les dessins au trait de F. Imhoff sont des "pages de notes".

ACHEVÉ D'IMPRIMER
EN SEPTEMBRE 1993
SUR LES PRESSES DE CENTROOFFSET
À SIENNE, ITALIE
DÉPOT LÉGAL : 2ᵉ SEMESTRE 1993

ISSN : 2-7291-0951-X
ISSN : 0985-8695